콜럼버스 # 항해 # 산타마리아호 # 인디오 # 아메리카 대륙

글쓴이 임헌무
충남대학교 국어국문학과를 졸업했으며, 《광주문학》으로 등단하여 시를 쓰고 있습니다. 작품으로는 〈별을 기다리며〉, 〈참, 그렇구나〉, 〈푸르게 푸르게〉, 〈빌 게이츠〉, 〈안창호〉, 〈퀴리 부인〉 등이 있습니다.

그린이 유동이
일본에서 태어났으며, 무사시노 미술대학에서 그림을 공부했습니다. 제1회 후타바샤의 신인상을 받았습니다. 작품으로는 〈플랜더스의 개〉, 〈명견 래시〉, 〈마더 테레사〉, 〈셜록 홈스〉 등이 있습니다.

펴낸이 김준석 **펴낸곳** 교연미디어 **편집 책임** 이영규 **리라이팅** 이주혜 **디자인** 이유나 **출판등록** 제2022-000080호 **발행일** 2023년 2월 15일
주소 서울시 관악구 법원단지 16길 18 B동 304호(신림동) **전화** 010-2002-1570 **팩스** 050-4079-1570 **이메일** gyoyeonmedia@naver.com

*이 책에 실린 글과 그림의 무단 복제 및 전재를 금합니다.

【꿈과 희망을 보여 준 위인들】

콜럼버스
-신대륙 발견 이야기-

임헌무 글 | 유동이 그림

이탈리아

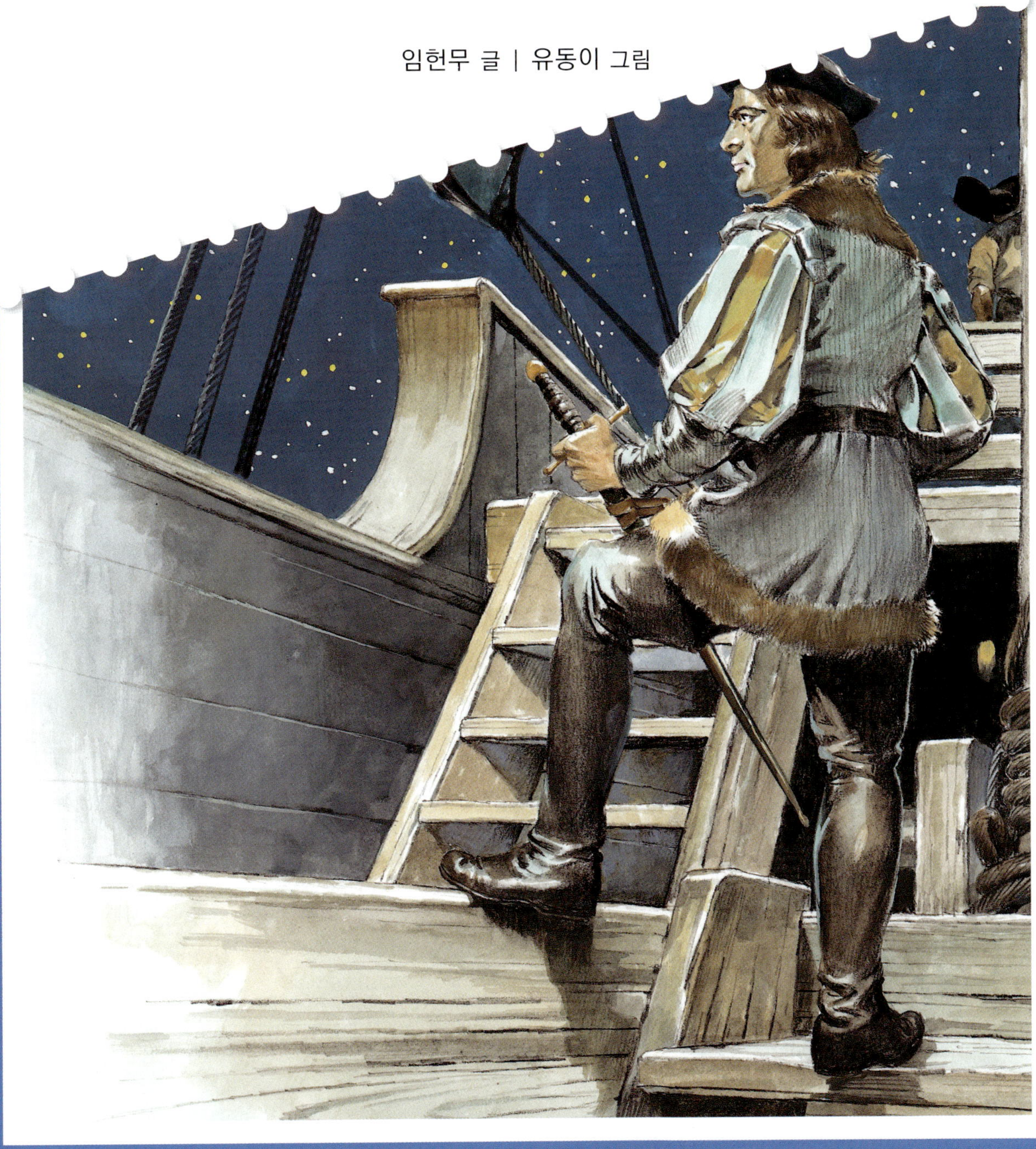

'저 바다 너머에는 무엇이 있을까?'
어린 *선원 콜럼버스는
넓은 바다를 보며 생각에 잠겼어요.
콜럼버스는 바다 너머에는 어떤 나라가 있을지,
어떤 사람들이 살고 있을지 항상 궁금했답니다.

*선원은 배 안에서 일하는 사람이에요.

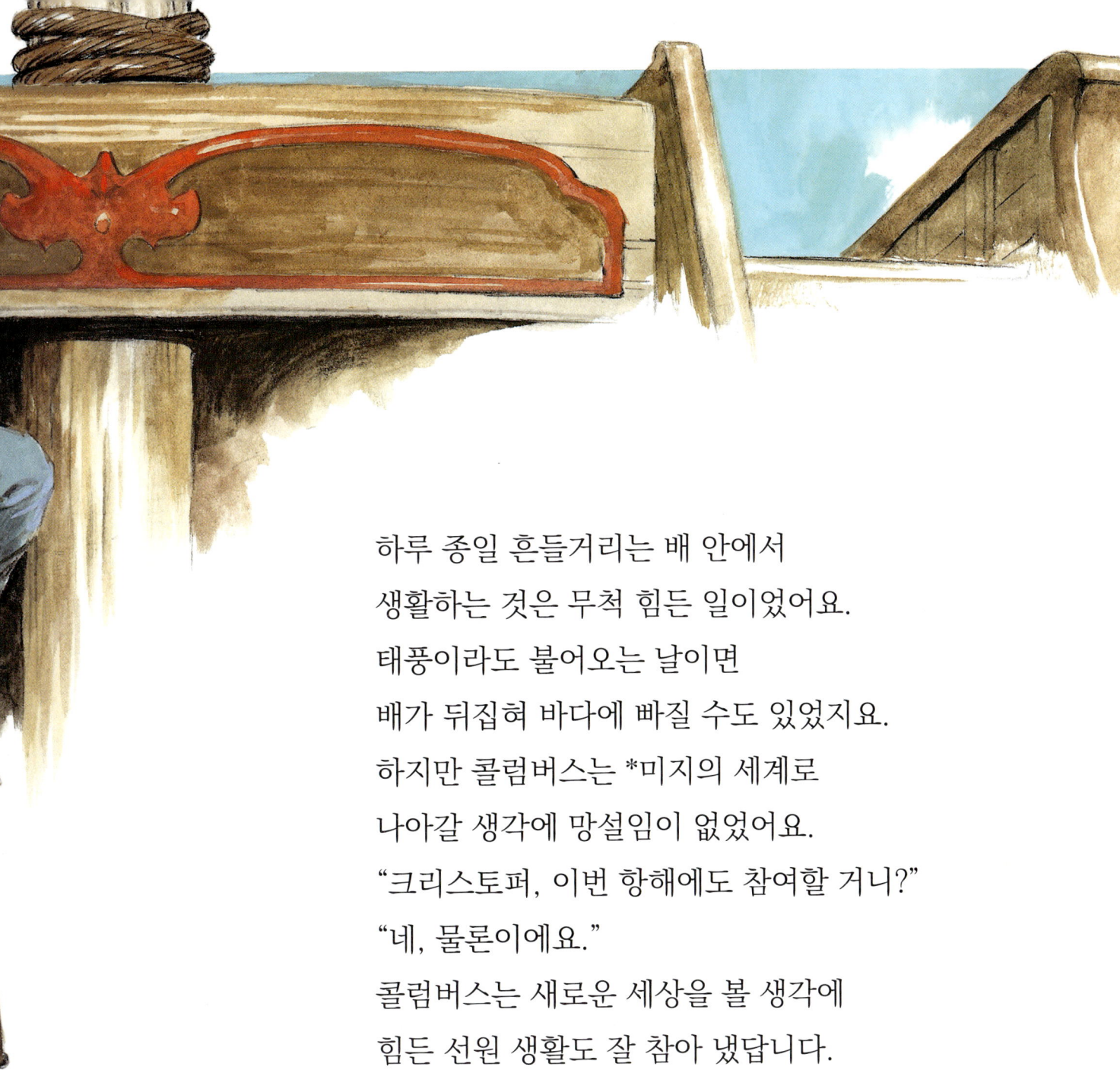

하루 종일 흔들거리는 배 안에서
생활하는 것은 무척 힘든 일이었어요.
태풍이라도 불어오는 날이면
배가 뒤집혀 바다에 빠질 수도 있었지요.
하지만 콜럼버스는 *미지의 세계로
나아갈 생각에 망설임이 없었어요.
"크리스토퍼, 이번 항해에도 참여할 거니?"
"네, 물론이에요."
콜럼버스는 새로운 세상을 볼 생각에
힘든 선원 생활도 잘 참아 냈답니다.

*미지는 아직 알려지지 않은 사실이에요.

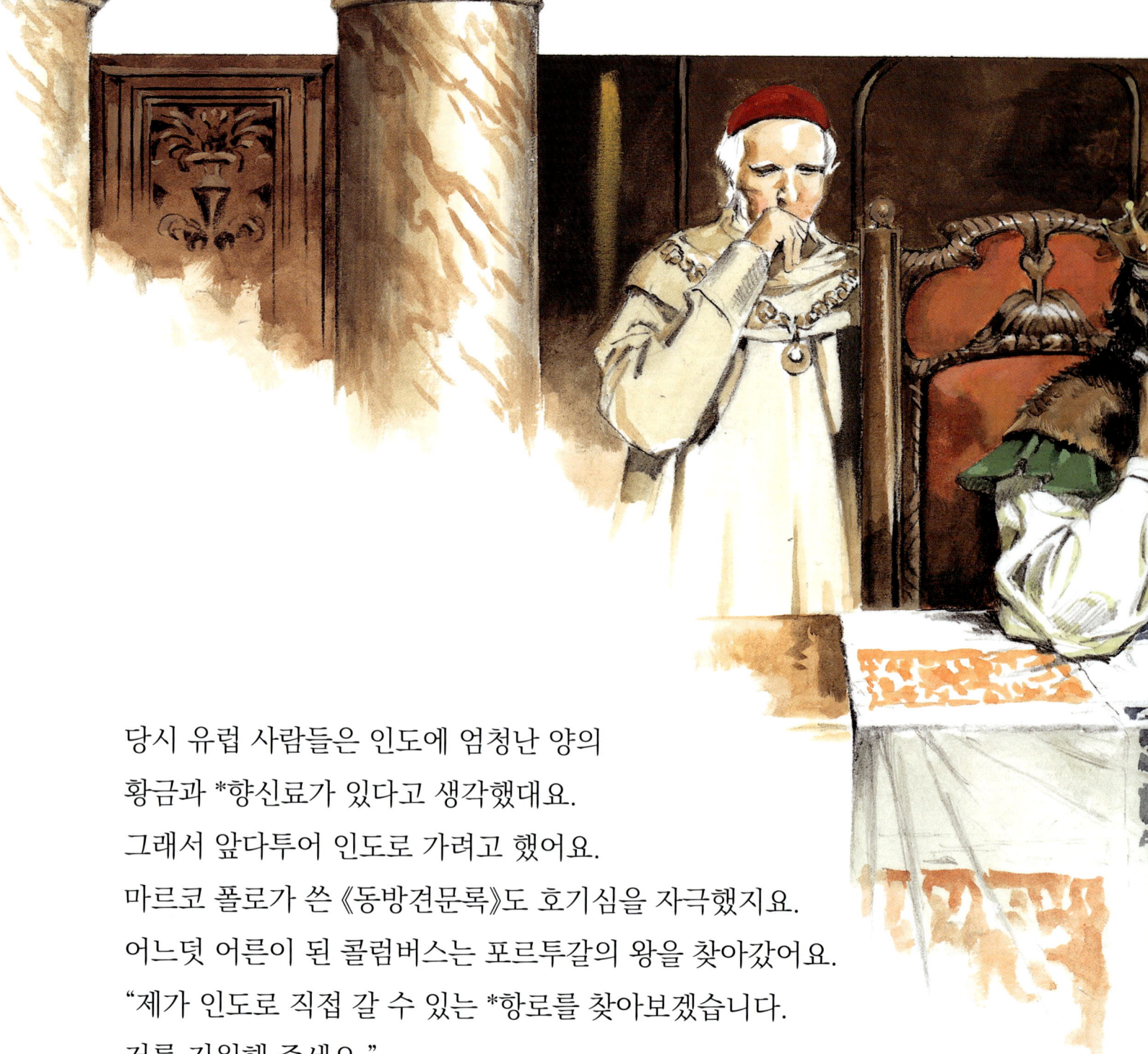

당시 유럽 사람들은 인도에 엄청난 양의
황금과 *향신료가 있다고 생각했대요.
그래서 앞다투어 인도로 가려고 했어요.
마르코 폴로가 쓴 《동방견문록》도 호기심을 자극했지요.
어느덧 어른이 된 콜럼버스는 포르투갈의 왕을 찾아갔어요.
"제가 인도로 직접 갈 수 있는 *항로를 찾아보겠습니다.
저를 지원해 주세요."
"글쎄……."
곰곰이 생각하던 왕은 결국 콜럼버스의 제안을 거절했답니다.

*향신료는 음식에 맵고 향기로운 맛 등을 더해 주는 조미료예요.

바르톨로메우 디아스가 발견한 희망봉

희망봉은 남아프리카 공화국 케이프 반도 남단에 있는 암석 곶으로, 1488년 포르투갈의 항해가 바르톨로메우 디아스가 처음 발견하여 대서양과 인도양을 지나 아시아에 이르는 항로를 개척했어요. 항로는 배가 다니는 해로(바닷길)랍니다.

실망한 콜럼버스는 에스파냐(스페인)로 갔어요.
"저를 후원해 주신다면 인도로 갈 수 있는
새로운 항로를 발견하여 부자로 만들어 드리겠습니다."

"좋아. 약속은 반드시 지키도록 하라."
콜럼버스는 이사벨라 여왕을 설득하여 후원을 받아 냈답니다.

"닻을 올려라!"
드디어 콜럼버스는 *산타마리아호를 비롯한
두 척의 배를 이끌고 인도로 가는
새로운 항로를 찾아 항해를 시작했어요.

산타마리아호의 모형
산타마리아호는 1492년, 콜럼버스가
아메리카 대륙을 발견할 때 사용했던 배예요.

얼마 후, 산타마리아호의 선원들은
바하마 제도 근처에서 섬 하나를 발견했어요.
"드디어 인도에 도착했구나!"
콜럼버스는 기대감으로 가슴이 쿵쾅쿵쾅 뛰었어요.

잠시 후, 콜럼버스 일행은 섬에 도착했어요.
"이곳까지 무사히 오게 해 주신 신께 감사드리며,
앞으로 이 섬을 '산살바도르'라고 부르도록 하겠다."
산살바도르는 '성스러운 구제자'라는 뜻이에요.
이후 쿠바·*히스파니올라섬도 발견하였답니다.

*히스파니올라섬은 현재 서쪽 1/3은 아이티, 동쪽 2/3는 도미니카 공화국의 영토예요.

자신이 발견한 곳을 인도라고 생각한 콜럼버스는 그곳에 살고 있던 원주민을 '*인디오'라고 불렀어요. 하지만 콜럼버스가 발견한 곳은 인도가 아니라 *아메리카 대륙 근처에 있는 섬이었답니다.

*아메리카 대륙은 캐나다, 미국 등을 포함한 북아메리카 대륙과 브라질, 아르헨티나 등을 포함한 남아메리카 대륙을 통틀어 이르는 말이에요.

인디오 조각
인디오는 아메리카 원주민을 일컫는 인디언(Indian)의 스페인어예요. 아메리카 대륙을 인도로 착각한 콜럼버스가 그곳 사람들을 '인디오'라고 불렀던 것에서 유래했답니다.

"콜럼버스, 정말 잘해 주었소."
이사벨라 여왕은 에스파냐로 돌아온 콜럼버스를 칭찬하며 '신세계'의 부왕으로 임명했어요.

"이게 콜럼버스가 인도에서 가져온 금이래."
"우와! 대단하다!"
사람들도 콜럼버스가 가져온 물건들을 보며 크게 감탄하였답니다.

얼마 후, 콜럼버스는 사람들을 이끌고
다시 히스파니올라섬으로 갔어요.
원주민들로부터 황금이
많이 있다는 이야기를 들었기 때문이에요.
히스파니올라섬에 도착한 사람들은
원주민들에게 금을 캐어 오도록 시켰어요.
원주민들은 아침부터 저녁까지
힘들게 일을 해야 했지요.
"더 이상은 이렇게 살 수 없어!"
참다 못한 원주민들은 폭동을 일으켰답니다.
이 일로 인해 콜럼버스는
곤란한 상황에 빠지기도 했어요.

하지만 콜럼버스는 항해를 포기할 수 없었어요.
콜럼버스는 온두라스와 파나마 지협을 발견하는 등
바다 곳곳을 누비며 *탐험가로서
위대한 발견을 이어나갔답니다.

***탐험가**는 위험을 무릅쓰고 잘 알려지지 않은 어떤 곳을 찾아가 살피고 조사하는 사람이에요.

몸을 돌보지 않고 항해를 계속했던
콜럼버스는 결국 병에 걸려 세상을 떠났어요.

그리고 죽기 전까지 이렇게 생각했대요.
'내가 발견한 그곳은 틀림없는 인도다!'

콜럼버스 따라잡기

1450년	이탈리아 북서쪽 해안에 있던 제노바 공화국에서 태어났어요.
1484년	포르투갈의 국왕 주앙 2세를 찾아가 항해에 대한 지원을 부탁했지만 거절당했어요.
1486년	에스파냐(스페인)의 이사벨라 여왕을 만나 항해에 대한 지원을 부탁했어요.
1492년	산타마리아호를 비롯하여 핀타호, 니냐호 등에 승무원을 태우고 인도를 향해 출발했어요.(제1차 항해)
	바하마 제도의 한 섬에 도착해, '산살바도르(성스러운 구제자)'라고 이름 붙였어요.
	이후 쿠바·히스파니올라섬에 도착하였어요.
1493년	황금을 얻기 위해 히스파니올라섬으로 갔어요.(제2차 항해)
1498년	제3차 항해를 시작하여 트리니다드 토바고와 오리노코강 하구를 발견했어요.
1502년	제4차 항해를 시작하여 온두라스와 파나마 지협을 발견하였어요.
1506년	자신이 발견했던 땅이 인도라고 확신하며, 세상을 떠났어요.

콜럼버스 연관검색

동방에 대한 호기심을 자극한 마르코 폴로의 《동방견문록》

대항해시대 발견 기념비

십자군 전쟁이 끝난 후, 유럽 사람들은 동쪽 나라(동방)에 관심을 가지게 되었어요. 마르코 폴로가 중국 원나라를 여행하고 돌아와서 쓴 《동방견문록》 또한 동쪽 나라에 대한 호기심을 자극했지요. 이탈리아 베네치아 출신의 상인이었던 마르코 폴로는 아버지와 삼촌을 따라 당시 원나라였던 중국을 방문하였으며, 그곳에 오랫동안 머물며 여러 곳을 여행하였어요. 이후 베네치아로 돌아온 마르코 폴로는 제노바 전쟁에 참전했다가 포로로 잡혔는데, 이때 만난 루스티첼로에게 동방에서 겪은 일들을 말해 주었어요. 이를 계기로 《동방견문록》이라는 책이 세상에 나오게 되었답니다. 특히 인도에 황금과 향신료가 넘쳐난다는 소문이 퍼지자 유럽의 여러 나라들은 앞다투어 동방으로의 진출을 꿈꾸었어요. 당시 동방으로 가는 육로는 이슬람 세력이 독차지하고 있었기 때문에 유럽 사람들은 바다를 빙 둘러 가야 했어요. 각국의 왕들은 동쪽 나라로 가기 위한 길을 개척하여 돈도 벌고 크리스트교도 퍼뜨리기 위해 탐험가들을 적극적으로 도왔답니다.

획기적인 발견, 콜럼버스의 달걀

어느 날, 콜럼버스를 시기하던 사람이 그에게 말했어요.
"당신이 아닌 다른 누구라도 배를 몰고 계속 가면 대륙을 발견할 수 있을 걸세."
그러자 콜럼버스가 물었어요.
"그럼 당신은 이 달걀을, 뾰족한 곳이 밑으로 가게 세울 수 있겠소?"
"뭐라고? 뾰족한 곳으로 달걀을 어떻게 세운단 말이오!"
"바로 이렇게 하면 됩니다."
콜럼버스는 달걀의 뾰족한 부분을 약간 깨뜨린 다음, 세웠어요.
"나참, 그렇게 세우는 건 누가 못해!"
"맞아요. 누군가가 세운 걸 본 뒤에는 아무나 쉽게 따라할 수 있겠지. 그러니 남이 하지 못한 것을 처음으로 하는 것이 중요하다, 이 말이오."
이처럼 '콜럼버스의 달걀'이란 기존의 것을 뛰어넘는 생각의 전환을 일컫는 말이랍니다.

세계 일주를 한, 마젤란의 배

마젤란 해협이 있는 파타고니아(칠레)

포르투갈의 항해사였던 마젤란은 에스파냐를 출발하여 남아메리카로 가던 중 마젤란 해협을 발견하였고, 태평양을 횡단했어요. 비록 그는 도중에 죽고 말았지만, 그의 배는 계속 항해하여 최초로 세계 일주에 성공했답니다.

PHOTO ALBUM

크리스토퍼 콜럼버스

콜럼버스가 살았을 무렵, 제노바의 모습

이사벨라 여왕을 만난 콜럼버스의 동상

당시의 산타마리아호(복원)

콜럼버스가 발견한 히스파니올라섬을 영토로 한 아이티

콜럼버스 사진첩

어린 콜럼버스의 석상

어른이 된 콜럼버스의 석상

콜럼버스의 묘